S. Balamurugan
M. Niranjanamurthy

Introdução à tecnologia Blockchain

AF297405

S. Balamurugan
M. Niranjanamurthy

Introdução à tecnologia Blockchain

ScienciaScripts

Imprint
Any brand names and product names mentioned in this book are subject to trademark, brand or patent protection and are trademarks or registered trademarks of their respective holders. The use of brand names, product names, common names, trade names, product descriptions etc. even without a particular marking in this work is in no way to be construed to mean that such names may be regarded as unrestricted in respect of trademark and brand protection legislation and could thus be used by anyone.

Cover image: www.ingimage.com

This book is a translation from the original published under ISBN 978-620-2-31440-4.

Publisher:
Sciencia Scripts
is a trademark of
Dodo Books Indian Ocean Ltd. and OmniScriptum S.R.L publishing group

120 High Road, East Finchley, London, N2 9ED, United Kingdom
Str. Armeneasca 28/1, office 1, Chisinau MD-2012, Republic of Moldova, Europe
Printed at: see last page
ISBN: 978-620-8-04409-1

Copyright © S. Balamurugan, M. Niranjanamurthy
Copyright © 2024 Dodo Books Indian Ocean Ltd. and OmniScriptum S.R.L publishing group

SOBRE OS AUTORES

O Dr. S. Balamurugan é Diretor de Investigação e Desenvolvimento na Mindnotix Technologies, Índia. **Publicou mais de 150 artigos** em várias revistas e conferências internacionais e **é autor ou coautor de 12 livros.** Atualmente, está a trabalhar na autoria de mais três livros. Como Diretor de Investigação e Desenvolvimento na Mindnotix, ele e a sua equipa ganharam o **CSI Young IT Professional Award 2017 para a Região 7, apresentado pela Computer Society of India**, Coimbatore Chapter. Recebeu também o **prémio de melhor investigador** da IARA, o **certificado de excecionalidade** da ASDF, **o prémio de jovem cientista** e **o prémio de melhor jovem investigador**. Recebeu um **doutoramento honorário** pela sua contribuição significativa para a investigação e o desenvolvimento na sociedade e foi selecionado para o **prémio de melhor diretor de 2018**. Durante os seus estudos de bacharelato no PSG College of Technology, na Índia, desempenhou as funções de secretário-adjunto da ITA. Entre 2013 e 2016, conduziu um projeto de consultoria na área da saúde para os Hospitais VGM e os seus actuais projectos de investigação incluem **"Women Empowerment using IoT", "Health-Aware Smart Chair", "Advanced Brain Simulators for Assisting Physiological Medicine", "Designing Novel Health Bands"** e "IoT -based Devices for Assisting Elderly People". As suas actividades profissionais incluem funções como co-editor, membro do conselho editorial e/ou revisor em **mais de 100 revistas e conferências internacionais e em 2 editoras de livros.** Foi presidente de sessão convidado em mais de 25 conferências e foi convidado como **convidado principal/pessoa de recurso** por muitas faculdades filiadas na Universidade de Anna e na Universidade de Bharathiyar. A sua biografia consta da lista do **"World Book of Researchers" 2018, Oxford, Reino Unido, e da edição de 2018 do "Marquis WHO'S WHO", Nova Jérsia, EUA.** Os seus interesses de investigação incluem a modelação de objectos, a realidade aumentada, a Internet das Coisas, a análise de grandes volumes de dados, a computação FOG e a computação vestível. É membro vitalício da ACM, IEEE, ISTE e CSI.

Dr. Niranjanamurthy M, Professor Assistente, Departamento de Aplicações Informáticas, Instituto de Tecnologia M S Ramaiah, Bangalore, Karnataka. É doutorado em Informática pela JJTU, Rajasthan (2016), MPhil-Computer Science pela VMU, Salem (2009), MCA pela VTU, Belgaum, Karnataka (2007). thBCA da Universidade de Kuvempu em 2004 com a classificação 5. Tem 8* anos de experiência de ensino e 2 anos de experiência industrial como engenheiro de software. Publicou 33 artigos em várias conferências nacionais/internacionais/jornais internacionais. Atualmente, orienta três estudantes de doutoramento. Trabalha como revisor em 22 revistas internacionais. Por duas vezes, foi distinguido como o melhor revisor de uma revista de investigação. Recebeu o Prémio Jovem Investigador - Engenharia Informática - Alcance Global

Prémios de Educação 2018. Trabalhou como examinador nacional/internacional de doutoramento. Realizou vários workshops a nível nacional e proferiu palestras. Presidiu a conferências nacionais e internacionais. As suas áreas de interesse são o comércio eletrónico e o comércio móvel relacionados com a indústria Extensão de ferramentas internas, testes de software, engenharia de software, serviços Web, tecnologias Web, computação em nuvem, análise de grandes volumes de dados e redes.

SOBRE O LIVRO

Este livro é um guia ideal para B.E.. B.Tech., B.S., B.Sc, B.C.A., Ciência e Engenharia da Computação, Tecnologia da Informação, Engenharia Eletrônica e de Comunicação que desejam realizar projetos sobre a tecnologia blockchain. Os estudantes que frequentam programas de pós-graduação em ciências e engenharia, bem como os estudantes de M.E., M.Tech., M.S., M.Sc. e M.C.A., considerarão este livro útil para os seus projectos. Os investigadores que trabalham no domínio da tecnologia de cadeias de blocos apreciarão este livro como uma referência útil para os seus trabalhos de investigação de mestrado, doutoramento e outros trabalhos de pós-doutoramento. Os engenheiros de software e analistas de negócios que trabalham no sector das TI e ITES, especificamente na área da cadeia de blocos, considerarão este livro um recurso útil. Em conclusão, acreditamos que o leitor considerará este livro um guia verdadeiramente útil e uma valiosa fonte de informação sobre os fundamentos da tecnologia de cadeia de blocos.

Dr.S.Balamurugan
Dr. Niranjanamurthy M

DEDICAÇÃO

Este livro é dedicado a todos os estudantes de todo o mundo que queiram
mergulhar na exploração da tecnologia blockchain.
Quando este livro for impresso, a vossa descoberta pode
começar. Tudo de
bom!

CAPÍTULO 1
INTRODUÇÃO

Qualquer transação em linha que envolva dinheiro digital é um desafio nos dias que correm, com a ameaça crescente de hackers que tentam roubar dados bancários publicados em linha. Este facto levou à invenção de vários tipos de criptomoedas, uma das quais é a Bitcoin. A tecnologia subjacente à bitcoin é conhecida popularmente como blockchain. A Blockchain é um livro-razão digitalizado, descentralizado e público para todas as transacções de criptomoeda. A Blockchain tenta criar e partilhar todas as transacções online armazenadas num livro-razão distribuído como uma estrutura de dados numa rede de computadores. Valida as transacções através de uma rede informática peer-to-peer. Permite aos utilizadores executar e verificar transacções instantaneamente e sem uma autoridade central. A Blockchain é uma base de dados de transacções que contém informações sobre todas as transacções passadas e funciona com o protocolo Bitcoin. Neste livro, discutimos o que é a cadeia de blocos, uma análise SWOT da cadeia de blocos, os tipos de cadeia de blocos e como funciona a cadeia de blocos, bem como as suas vantagens e desvantagens.

CAPÍTULO 2

NOÇÕES BÁSICAS DA TECNOLOGIA DE CADEIA DE BLOCOS

Todas as transacções de criptomoeda que se realizam atualmente têm de ser transparentes. Há muitos dados privados nestas transacções que podem causar muitos danos se caírem nas mãos erradas. A tecnologia, tanto de hardware como de software, associada a estas transacções também deve ser considerada, uma vez que a falha de qualquer um destes componentes levaria ao fracasso de uma transação que envolvesse dinheiro. Uma cadeia de blocos pode ser vista como um livro-razão público digitalizado que regista todas as transacções digitais por ordem cronológica ou como "blocos de transacções concluídas" numa estrutura de dados e as armazena distribuídas por uma rede. Este livro-razão pode ser descarregado por qualquer pessoa que possa ligar-se a esta rede. As cadeias de blocos são implementadas utilizando três tecnologias principais: 1) criptografia de chave privada, 2) rede peer-to-peer, 3) programa (o protocolo da cadeia de blocos). A principal vantagem de uma cadeia de blocos é a utilização da tecnologia de computação distribuída, que pode ultrapassar os problemas de equilíbrio de carga. A tecnologia de computação distribuída também permite uma degradação graciosa, o que torna a tecnologia de cadeia de blocos muito fiável quando se trata de armazenar informações sensíveis, por exemplo, registos médicos, actividades de gestão, processamento de transacções, derivação de documentação, rastreabilidade ou reconciliação de alimentos.

As tecnologias de cadeias de blocos incluem criptografia, matemática, algoritmos e um modelo económico que combina redes peer-to-peer e utiliza um algoritmo de consenso distribuído para resolver o problema tradicional da sincronização de bases de dados distribuídas, representando uma infraestrutura integrada de vários domínios. As tecnologias de cadeias de blocos são geralmente compostas por seis elementos-chave.

1. Descentralizado

2. Transparente

3. Código aberto

4. Autonomia

5. Imutável

6. Anonimato

1. Descentralizada: A propriedade fundamental da cadeia de blocos, o que significa que a cadeia de blocos já não depende de um nó central, os dados podem ser registados, armazenados e actualizados em vários sistemas.

2. Transparente: O registo de dados pelo sistema blockchain é transparente para cada nó, e cada um destes nós pode também continuar a atualizar os dados, o que o torna transparente e fiável.

3. Código aberto: A maioria dos sistemas de cadeia de blocos é acessível a todos, os registos podem ser verificados publicamente e as pessoas podem utilizar as tecnologias de cadeia de blocos para criar qualquer aplicação que desejem.

4. Autonomia: Devido à base de consenso, cada nó do sistema blockchain pode transferir ou atualizar dados de forma segura. A ideia é confiar todo o sistema a uma única pessoa e ninguém pode intervir.

5. Imutável: Todos os registos são reservados para sempre e não podem ser alterados, a menos que alguém tenha controlo sobre mais de 51% dos nós ao mesmo tempo.

6. Sigilo: As tecnologias de cadeia de blocos resolveram o problema da confiança entre os nós individuais, de modo que as transferências de dados ou mesmo as transacções podem ter lugar de forma anónima, bastando conhecer o endereço da cadeia de blocos da pessoa [23]. **A estrutura da cadeia de blocos**: Um bloco é constituído pelo cabeçalho e pelo corpo do bloco, como mostra a Fig. 1. O cabeçalho do bloco inclui, nomeadamente, o seguinte:

(i) Versão de bloco: especifica o conjunto de regras de validação de bloco que deve ser seguido.

(ii) Hash da raiz da árvore Merkle: o valor de hash de todas as transacções no bloco.

(iii) Timestamp: hora atual em segundos no tempo universal desde

1 de janeiro de 1970.

(iv) nBits: Limiar alvo para um hash de bloco válido.

(v) Nonce: um campo de 4 bytes que normalmente começa com 0 e aumenta com cada cálculo de hash.

(vi) Hash do bloco pai: um valor de hash de 256 bits que se refere ao bloco anterior.

Fig. 1 Estrutura da cadeia de blocos

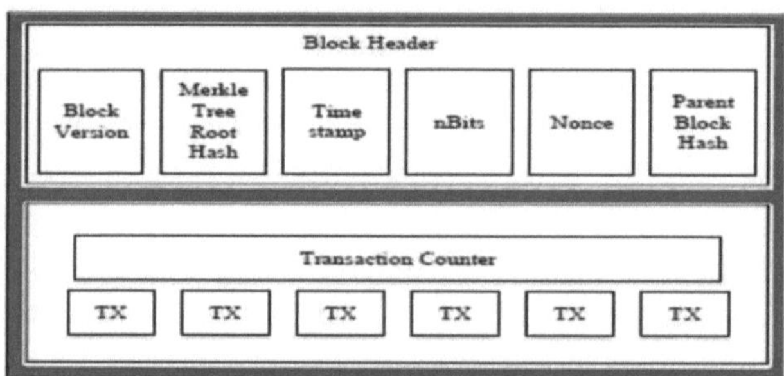

O corpo do bloco é constituído por um contador de transacções e por transacções. O número máximo de transacções que um bloco pode conter depende da assinatura digital baseada em criptografia assimétrica utilizada num ambiente não fiável [12].

Fig. 1 a). Blockchain constituída por uma sequência contínua de blocos

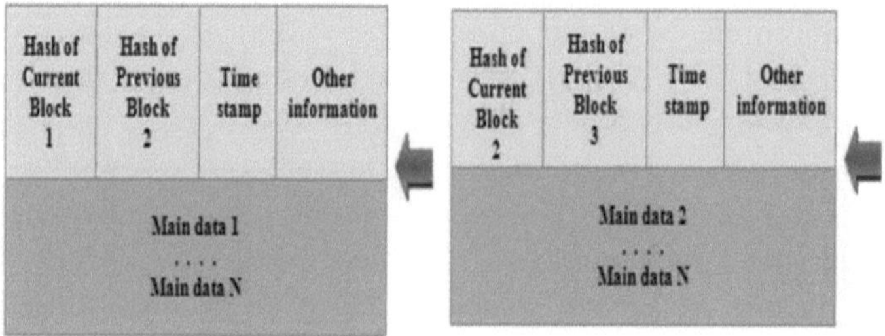

CAPÍTULO 3

APLICAÇÕES DA TECNOLOGIA DE CADEIA DE BLOCOS

A cadeia de blocos, originalmente introduzida para a criptomoeda virtual Bitcoin, é uma nova abordagem peer-to-peer que liga uma sequência de transacções ou eventos de forma a torná-los imutáveis [1].

A Blockchain é uma base de dados de transacções que contém informações sobre todas as transacções passadas e baseia-se no protocolo Bitcoin. Cria um livro-razão digital de transacções e permite que todos os participantes na rede editem o livro-razão de forma segura, que é partilhado através de uma rede informática distribuída [2].

A quantidade de dados no nosso mundo está a aumentar rapidamente. De acordo com um relatório recente, estima-se que 20% dos dados do mundo tenham sido recolhidos nos últimos anos. O Facebook, a maior rede social em linha, recolheu 300 petabytes de dados pessoais desde a sua criação. O MIT Media Lab desenvolveu um mecanismo chamado "Descentralização da Privacidade" que poderá proteger os dados pessoais. Uma cadeia de blocos (blockchain) é algo como um livro-razão no qual todas as transacções são registadas e que é partilhado pelos participantes de uma rede Bitcoin [3].

A confiança é o tema mais importante da cadeia de blocos. As interações entre os nós da rede garantem a criação de confiança. Os participantes na rede de cadeias de blocos confiam na própria rede de cadeias de blocos, e não em organizações terceiras de confiança, para facilitar as transacções. Estas cinco propriedades (imutabilidade, não repúdio, integridade, transparência e igualdade) são as propriedades mais importantes suportadas pelas actuais cadeias de blocos [4].

Questões de investigação A) Como podem ser classificados os erros que ocorrem no sistema de cadeia de blocos? A resposta a esta pergunta pode ajudar-nos a compreender as lacunas dos sistemas de cadeia de blocos. A categorização dos erros deve ser feita de modo a que os erros mais comuns sejam colocados numa categoria, para que se possa trabalhar e esforçar mais na correção dessa categoria. B) Com que frequência ocorrem erros semelhantes em diferentes projectos de cadeia de blocos? Os diferentes projectos de cadeia de blocos são desenvolvidos como soluções para diferentes problemas que funcionam em diferentes ambientes. Existem bugs que ocorrem nos diferentes ambientes e tecnologias? Se os erros ocorrerem frequentemente e tiverem tendências semelhantes nos diferentes projectos, podem ser facilmente categorizados com base nas suas caraterísticas [5].

Segurança e fiabilidade. "As diretrizes de segurança do software abrangem todas as fases do ciclo de desenvolvimento do software" e o "Software Reliability Engineered Testing é um método de teste que engloba todo o processo de desenvolvimento". Uma cadeia de blocos deve garantir a integridade e a singularidade dos dados para assegurar a fiabilidade dos sistemas baseados em cadeias de blocos, o que, no caso do BOS, é o caso dos sistemas críticos para a segurança. Em particular, são necessários conjuntos de testes para o BOS. Estes conjuntos devem incluir: Testes de contratos inteligentes (SCT), ou seja, testes específicos para verificar se os contratos inteligentes i) cumprem as especificações das partes contratantes, ii) cumprem a legislação das jurisdições envolvidas e iii) não contêm cláusulas contratuais abusivas. Testes de transacções em cadeia de blocos (BTT), tais como testes contra a duplicação de despesas e para garantir a integridade do estatuto [6].

Uma cadeia de blocos é simplesmente uma lista de dados verificável criptograficamente. Uma das razões para o entusiasmo em torno da cadeia de blocos é o facto de as bases de dados não terem garantias de integridade criptográfica, garantias essas que são necessárias para qualquer base de dados que funcione num ambiente adverso [7].

As tecnologias da informação tornaram-se uma inovação fundamental em quase todos os sectores. As organizações ou equipas capazes de utilizar a tecnologia de forma adequada e eficaz desempenham um papel importante na mudança do status quo e assumem uma posição de liderança. Aquelas que não acompanham o ritmo da tecnologia geralmente não sobrevivem. Os autores do presente documento identificaram a tecnologia de cadeias de blocos como um catalisador para casos de utilização emergentes em sectores financeiros e não financeiros, como o fabrico industrial, a cadeia de abastecimento e os cuidados de saúde [8].

A arquitetura apresentada na Fig. 2 é composta por duas partes principais: ULE (sensores e rede) e a plataforma de nuvem baseada em BC. O sistema é constituído por dispositivos e sensores ligados, bem como pelo coletor que recolhe os dados. Estes elementos estão ligados à Internet para transmitir de forma segura os dados para a plataforma IoT omnipresente para análise e processamento. Permite que os grupos de estudantes acedam de forma segura aos serviços através de uma plataforma de nuvem integrada baseada na BC. Numa rede de BC, os estudantes utilizam um protocolo de consenso para aprovar o conteúdo do livro-razão. Os hashes criptográficos são utilizados para confirmar a fiabilidade das transacções. O protocolo de consenso verifica se os livros-razão partilhados estão duplicados e elimina o risco de transacções não seguras. Naturalmente, os dados recolhidos dos dispositivos são integrados nos registos privados do BC e asseguram eficazmente as transacções partilhadas. A arquitetura distribuída elimina a necessidade de armazenamento centralizado de dados e permite a descentralização.

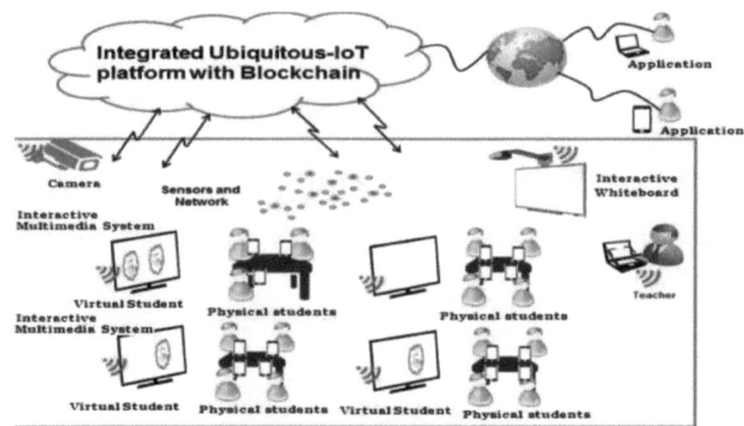

Fig. 2: ULE baseado na tecnologia de cadeia de blocos

Figura 2: A combinação de computação ubíqua, IoT e BC que pode ser eficaz. A BC fornece um sistema P2P distribuído robusto que oferece a capacidade de interagir com os pares de uma forma eficaz. Os dispositivos ligados no ecossistema ULE são os elementos de contacto com alunos e professores. Acreditamos que a continuação da integração da BC utilizando a computação ubíqua e a IoT será uma mudança significativa nos ecossistemas actuais. Melhora a próxima geração de aplicações IoT em termos das caraterísticas de criptografia, segurança e modelo descentralizado que podem mudar completamente a organização das nossas actividades económicas e científicas [9].

Os dados das transacções não devem ser colocados nas mãos de terceiros, onde podem ser roubados e utilizados indevidamente. Em vez disso, os utilizadores devem possuir e controlar os seus dados sem pôr em causa a segurança ou limitar a capacidade das empresas e autoridades de oferecerem transacções encriptadas. A nossa plataforma torna isto possível ao combinar uma cadeia de blocos com uma solução de encriptação holomórfica. Os utilizadores não têm de confiar em terceiros e sabem sempre que dados estão a ser recolhidos sobre eles e como estão a ser utilizados. Além disso, a cadeia de blocos reconhece os utilizadores como os proprietários dos seus dados encriptados. Por sua vez, as empresas podem concentrar-se na utilização dos dados sem terem de se preocupar demasiado com a sua proteção e compartimentação adequadas [10].

O autor ilustrou uma nova abordagem à gestão de documentos pessoais utilizando a tecnologia de cadeias de blocos,

PASS-Sistema de Serviço de Arquivo Pessoal. O Sistema de Serviço de Arquivo Pessoal utiliza as funções da cadeia de blocos. Sempre que um sujeito quiser fazer um registo de desempenho ou de novas propriedades, pode arquivá-los imediatamente em vez de esperar por um inquisidor mais tarde. As possibilidades de uma aplicação deste tipo são muito vastas. Pode ser utilizada para aplicações em linha, bem como para outras aplicações, como o emprego e a promoção. Elimina completamente uma terceira parte, mas mantém o anonimato e a responsabilidade [11].

A tecnologia Blockchain, introduzida com a Bitcoin, proporciona um registo de transacções aberto, seguro e distribuído (ODL). Como as realizações da tecnologia se centram na implementação de sistemas monetários e se baseiam em primitivos criptográficos, são designadas por criptomoedas. A ideia básica subjacente à conceção é facilitar o consenso descentralizado, ou seja, a capacidade de uma rede de participantes desconhecidos decidir conjuntamente sobre uma visão global e a ordem das transacções. As transacções são agrupadas em blocos e, em cada ronda, um participante é eleito para propor um bloco válido [13].

As dificuldades da introdução da tecnologia de cadeia de blocos na administração eletrónica na China: o custo da criação de uma nova plataforma baseada em cadeias de blocos, a preservação a longo prazo de

Registos da plataforma de cadeias de blocos, segurança da informação da tecnologia de cadeias de blocos, responsabilidade de gestão da plataforma de cadeias de blocos, A solução é: normalização, colaboração, sistema de gestão e segurança [14].

As cadeias de blocos ganharam importância nos últimos anos devido à introdução das criptomoedas. No entanto, enquanto tecnologia, suportam uma gama mais alargada de casos de utilização. Um sistema de cadeias de blocos pode ser considerado como um livro-razão público no qual são registadas as transacções dos participantes. Na maioria dos casos, estas transacções dizem respeito a um ativo (virtual) e envolvem frequentemente a transferência de quantidades do ativo de uma conta para outra. Cada participante no sistema blockchain possui uma cópia local do livro-razão e opera um cliente de rede que encaminha as transacções para toda a rede. O cliente pode também alimentar a rede com novas transacções [15].

Uma cadeia de blocos é essencialmente uma base de dados distribuída de registos ou um livro-razão público de todas as transacções ou eventos digitais que foram executados e partilhados entre as partes participantes. Cada transação no livro-razão público é verificada pelo consenso de uma maioria dos participantes no sistema. Uma vez introduzida, a informação nunca pode ser apagada. A cadeia de blocos contém um registo seguro e verificável de todas as transacções que alguma vez foram efectuadas. Para além do sector monetário, a cadeia de blocos pode ser utilizada em contratos inteligentes, sistemas de manutenção de registos, sistemas de identificação, armazenamento em nuvem e muitos outros domínios [16].

A tecnologia Blockchain permite tornar muitos processos e transacções mais transparentes, descentralizados, seguros e democráticos, sem a necessidade de intervenção de terceiros. Não há dúvida de que o papel que a cadeia de blocos desempenha como método de identidade digital será crucial num futuro próximo para autenticar os cidadãos e provar a sua identidade para os muitos serviços digitais que existem atualmente neste mundo conectado. A cadeia de blocos pode ajudar neste domínio a melhorar a forma como a sociedade encara a privacidade e a segurança da identidade. Terá um impacto positivo em várias áreas com as quais um ambiente de cidade inteligente interage, como a banca e os pagamentos, a previsão do crescimento da população, os registos médicos nos cuidados de saúde, as eleições, os serviços governamentais digitais, os serviços financeiros e muitos outros cenários [17].

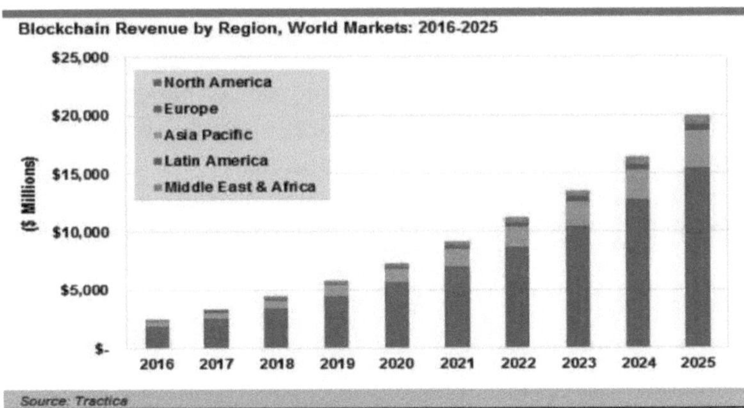

Fig.3: Receitas da Blockchain por região, mercados mundiais: 2016 2025

Na figura 3 acima, é evidente que as pessoas no mercado estão a avançar diariamente para a tecnologia de cadeias de blocos. Em 2016, o volume de negócios da tecnologia de cadeia de blocos na região era inferior a 5000 dólares americanos e, em 2025, prevê-se que seja de 20000 dólares americanos.

O surgimento da era dos grandes volumes de dados na Internet conduziu a um crescimento explosivo da quantidade de dados. No entanto, o maior problema dos grandes volumes de dados é a questão da confiança, o que dificulta a distribuição segura dos dados e o desenvolvimento da indústria. A tecnologia Blockchain oferece uma nova solução para este problema, combinando funções invioláveis e rastreáveis com contratos inteligentes que executam automaticamente instruções normalizadas [18].

A Bitcoin utiliza muitas tecnologias que podem ser divididas, grosso modo, em quatro blocos de geração de endereços de carteira. Estes quatro blocos são, respetivamente, a assinatura/transmissão de transacções Bitcoin, a tecnologia de cadeia de blocos e os livros-razão descentralizados. A Bitcoin é uma das aplicações mais típicas da tecnologia de cadeia de blocos [19].

Foram adoptadas numerosas medidas para melhorar o aspeto da confiança nas cadeias de abastecimento. As tecnologias utilizadas continuam a ser problemáticas. Os recentes escândalos de qualidade mostram a importância da qualidade na perspetiva da cadeia de abastecimento. O mecanismo de confiança tradicional assenta em três desafios que conduzem a estes problemas de confiança. São eles os interesses particulares dos membros da cadeia de abastecimento, a assimetria de informação nos processos de produção e os custos e limitações dos controlos de qualidade. A cadeia de blocos é uma tecnologia promissora para resolver estes problemas [20].

Potenciais benefícios da implementação de cadeias de blocos para os cuidados de saúde públicos na África do Sul: Para os implementadores da Bitcoin, a tecnologia de cadeias de blocos proporcionou uma tecnologia que permite aos prestadores de serviços fornecer: transacções seguras entre pares sem a necessidade de um terceiro de confiança. Assinaturas digitais para proteger o conteúdo e, por conseguinte, a integridade dos dados, cadeias de transacções que armazenam o historial da propriedade e permitem assim a rastreabilidade, cadeias de blocos que contêm uma sequência de transacções para provar a autenticidade das transacções [21].

A cadeia de blocos promete uma estrutura distribuída segura que facilita a partilha, o intercâmbio e a integração de informações entre todos os utilizadores e terceiros. A cadeia de blocos só deve ser utilizada quando for aplicável e oferecer segurança com melhores oportunidades para aumentar as receitas e reduzir os custos.

Aplicações de cadeias de blocos

Serviços financeiros: Gestão de activos, sinistros de seguros, liquidação, pagamentos transfronteiriços

Propriedades inteligentes: empréstimo de dinheiro, carro inteligente, smartphone

Administração inteligente: passaporte eletrónico, nascimento, ... Certidões de casamento, Identificação pessoal, Smart Community

IoT: electrodomésticos inteligentes, sensores para a cadeia de abastecimento

Cuidados de saúde inteligentes: Registo pessoal de saúde, controlo de acesso, gestão da saúde, processamento de seguros

Caraterísticas da cadeia de blocos

Livro-razão digital descentralizado, distribuído, transparente e verificável, criptograficamente seguro, imutável e irrevogável, independente de terceiros, "sem confiança" (baseado em consensos), irrevogável e verificável, com registo cronológico e temporal[24].

Em particular, para a autenticação de transacções, a tecnologia blockchain baseia-se no algoritmo de assinatura digital de curva elíptica (ECDSA), que não é compatível com o ataque quântico na rede real que ocorrerá no futuro. Se alguém utilizar o algoritmo Shor para derivar a chave privada de um utilizador a partir de uma chave pública para assinar um grande número de transacções não autorizadas, ou se um atacante falsificar a assinatura de um utilizador, isso significa que os utilizadores legítimos perderão todos os seus bens e privacidade. Em termos de defesa contra ataques quânticos, a investigação no domínio da criptografia de rede é muito frutuosa e lança as bases para o desenvolvimento de um método de assinatura adequado para a cadeia de blocos contra ataques quânticos[25].

Transacções, não dados

É importante compreender que, com a cadeia de blocos, existem centenas ou mesmo milhares de cópias dos registos das transacções, mas não milhares de cópias dos dados das transacções. É como a diferença entre trabalhar no Microsoft Word e no Google Docs. Quando se colabora com o Microsoft Word, normalmente cria-se um documento, faz-se alterações e depois envia-se uma cópia completa do documento para o colega editar. Se fizer estas alterações sem as revisões activadas, será muito difícil ver exatamente o que foi alterado de uma versão do documento para outra. E como está a enviar uma cópia completa dos dados, seria muito fácil alguém intercetar o anexo do e-mail, fazer uma cópia do mesmo e roubar o seu trabalho. Além disso, o utilizador e o seu colega têm de trabalhar separadamente. Se ambos trabalharem no documento ao mesmo tempo, podem surgir conflitos difíceis de resolver.

Requisitos regulamentares crescentes do governo: a utilização da tecnologia de cadeias de blocos para conseguir uma gestão versátil do mercado alimentar é a exigência do governo, através do sistema de registos regulamentares das informações sobre as transacções do mercado alimentar. Isto pode resolver eficazmente o problema da regulamentação alimentar. De acordo com o entendimento dos departamentos governamentais relevantes, existem alguns requisitos dos reguladores governamentais na cadeia de abastecimento alimentar:

(a) Recolha precisa de informações sobre todos os aspectos da cadeia de abastecimento alimentar.

(b) Recolha e armazenamento de informações sobre a cadeia de abastecimento alimentar, desde a plantação (criação) até ao consumo.

(c) Pode ser transferido para a plataforma reguladora estatal através da tecnologia de cadeia de blocos.

Estes requisitos estão em conformidade com as caraterísticas tecnológicas da cadeia de blocos, que armazena informações sobre cada transação. Embora cada chave privada seja criada e divulgada pelo departamento de informação do governo chinês, o Ministério da Agricultura tem acesso ao registo dos dados. Esta informação constituiria a base para a monitorização, a recolha de alimentos e o aviso prévio. Assim, podemos ver que a aplicação da tecnologia de cadeia de blocos cumpre os requisitos do governo para o sistema da cadeia de abastecimento alimentar [26][30].

Os registos de saúde electrónicos (RSE) são inteiramente controlados pelos hospitais e não pelos doentes, o que dificulta a procura de aconselhamento médico em diferentes hospitais. É imperativo que os doentes se concentrem nos pormenores dos seus próprios cuidados de saúde e recuperem a gestão dos seus próprios dados médicos. O rápido desenvolvimento da tecnologia de cadeias de blocos está a fazer avançar os cuidados de saúde da população, incluindo registos médicos e dados relacionados com os doentes. Esta tecnologia proporciona aos doentes registos completos e imutáveis e acesso a registos médicos electrónicos independentes dos prestadores de serviços e dos sítios Web de tratamento [27][29].

Sendo uma tecnologia emergente, as cadeias de blocos continuarão definitivamente a desenvolver-se devido às suas capacidades disruptivas em vários sectores e domínios. Espera-se que a tecnologia se prove através de mais implementações de prova de conceito. No domínio da deteção de intrusões, a tecnologia de cadeia de blocos pode ter um impacto positivo, mas as suas principais aplicações tendem a centrar-se nos seguintes aspectos em termos de equilíbrio entre benefícios e custos.

*Troca de dados. Por definição, as cadeias de blocos são adequadas para registar eventos, registos médicos e processar transacções. Uma vez que a gestão de dados é um problema importante para um sistema ou rede de descoberta distribuída de grandes dimensões, as cadeias de blocos têm um grande potencial para melhorar o desempenho, reforçando a confiança e a privacidade entre as partes envolvidas.

* Troca de alertas. Alexopoulos et al. já apresentaram a forma como as cadeias de blocos podem ser utilizadas para proteger os alertas gerados por diferentes nós e garantir que apenas são trocados alertas verdadeiros. Dada a falta de aplicações em sistemas reais, esta é uma direção interessante e importante para futuros estudos de investigação.

* Cálculo da confiança. Como mencionado anteriormente, algumas abordagens de deteção colaborativa (por exemplo, CIDN baseada em desafios) utilizam alertas para avaliar a fiabilidade dos outros. Por exemplo, podem ser desenvolvidas abordagens baseadas em cadeias de blocos para verificar se as informações de alerta recebidas são inalteradas ou não.

Como as cadeias de blocos foram originalmente desenvolvidas para as criptomoedas, temos de evitar a situação em que "a cadeia de blocos é uma solução à procura de um problema". De facto, temos de continuar a concentrar-nos nas nossas soluções tradicionais para alguns problemas e desafios, mas também temos de estar atentos a essas tecnologias emergentes. Isto significa que a ponderação deve ser sempre feita caso a caso[28].

Um dos desafios da conceção P2P é o planeamento justo e a proteção global de todo o cluster contra nós abusivos ou com mau funcionamento. Os algoritmos utilizados num cluster de um único mestre ou de vários mestres já não funcionam. Para o conseguir, concebemos um sistema multicamadas baseado num dos principais princípios das criptomoedas. Blockchain é um componente chave das criptomoedas modernas, como Bitcoin, Litecoin e Ethereum. A Blockchain resolve o principal problema dos activos digitais - o problema da dupla despesa. Qualquer ativo digital, como um ficheiro, um correio eletrónico ou uma matriz, pode ser copiado e um observador não pode determinar a origem e a cópia sem um terceiro. Nas redes P2P, essa entidade não existe. A propriedade de um ativo é registada num livro de registo público. Este registo é validado por toda a comunidade do sistema, pelo que a confiança não é necessária entre duas partes, mas entre uma parte e todo o sistema. O princípio básico baseia-se em funções criptográficas assimétricas. Cada transação é assinada pelo seu proprietário. Para ser uma transação válida do livro-razão público, a transação tem de ser hash e o hash tem de ser incluído na transação seguinte.[28] A Bitcoin é uma infraestrutura de activos digitais que opera a primeira moeda criptográfica descentralizada global com o mesmo nome. Toda a história da propriedade e das transferências da Bitcoin (endereços e transacções) está disponível num livro de registo público, a cadeia de blocos. Mas os verdadeiros proprietários dos endereços geralmente não são conhecidos. É por isso que a Bitcoin é chamada de pseudo-anónima. No entanto, alguns endereços podem ser agrupados pelo seu proprietário com base em padrões de comportamento e informações publicamente disponíveis de fontes externas à blockchain. A análise baseada na blockchain de padrões comportamentais comuns (heurística para gastos comuns e alterações pontuais) é frequentemente utilizada para o agrupamento de Bitcoin como reconciliação para mapeamento de endereços, enquanto as informações fora da cadeia (tags) são maioritariamente utilizadas para verificar os resultados. Aqui ilustramos a utilização de informações fora da cadeia como um voto para a separação de endereços e a sua consideração juntamente com as informações da cadeia de blocos durante a construção do modelo de agrupamento. Tanto a informação da cadeia de blocos como a informação fora da cadeia não são fiáveis e a nossa abordagem visa filtrar os erros nos dados de entrada. É proposto um novo algoritmo para agrupar endereços Bitcoin. Ele difere dos algoritmos existentes de duas maneiras. Em primeiro lugar, utiliza não só informações da cadeia de blocos para o agrupamento, mas também informações fora da cadeia provenientes da Internet. Em segundo lugar, tratamos certos tipos de dados fora da cadeia como votos contra a unificação de endereços no processo de agrupamento. Com esta abordagem, uma parte significativa das fusões erróneas de clusters sugeridas pela heurística baseada em blockchain pode ser evitada. As experiências numéricas mostram que a abordagem proposta produz resultados de agrupamento razoáveis que superam as abordagens baseadas apenas em dados de cadeias de blocos em termos de homogeneidade dos agrupamentos[31].

CAPÍTULO 4

ANÁLISE DA TECNOLOGIA BLOCKCHAIN

A análise SWOT (ou matriz SWOT) é a abreviatura de Strengths (Forças), Weaknesses (Fraquezas), Opportunities (Oportunidades) e Threats (Ameaças) e é um método de planeamento estruturado que avalia estes quatro elementos de uma organização, projeto ou empreendimento comercial, etc.

A. *Pontos fortes*

- 100% de transparência
- Poder ignorar o intermediário
- Trajetória rastreável
- Eficiência e produtividade dos processos empresariais
- Abordagem descentralizada
- Dados de alta qualidade e infalíveis
- Maior eficiência
- Custos mais baixos
- Risco mais baixo
- Mais segurança
- Sem dependência de terceiros
- Robustez (sem SPOF)
- velocidade
  - Transparência

  - Confiança em redes sem confiança

  - Privacidade inviolável

B. *Pontos fracos*

  - O desafio do acesso

- Gestão da mudança

- Integração com sistemas antigos

- Falta de normas

- Baixa capacidade e velocidade de processamento

- O desafio da propriedade

- Tecnologia de ponta (ainda não 100% desenvolvida)

- Escalabilidade

- Segurança contra cibercriminosos

- Armazenamento

- Maturidade tecnológica

c. *Possibilidades*

- Automatismos

- Otimização dos processos empresariais

- Supressão da necessidade de confiança

• Transacções de pagamento mais rápidas (internacionais)

• Melhoria da experiência do cliente

• Maior qualidade dos produtos e serviços

• Inovação em quase todos os sectores, especialmente no sector bancário

• Liquidações diretas

- Base de dados KYC

- Novos intermediários

- Sem dependência de agências de notação

- Oportunidades na IoT

- Mecanismos de controlo programáveis

- Contratos inteligentes no sector dos seguros

- Aceleração dos processos bancários

D. *Ameaças*

- Ainda há muita investigação a fazer

- Eliminação dos postos de trabalho bancários existentes

- Disponibilidade do governo para aceitar

- Elevados investimentos para implementações

- Enorme impacto regulamentar

- Hype

- Aspectos jurídicos/regulamentares e conformidade

- Proteção e segurança dos dados

- Negociações demoradas

- Incerteza sobre os efeitos

CAPÍTULO 5

MECANISMO FUNCIONAL DA
TECNOLOGIA DE CADEIA DE BLOCOS -

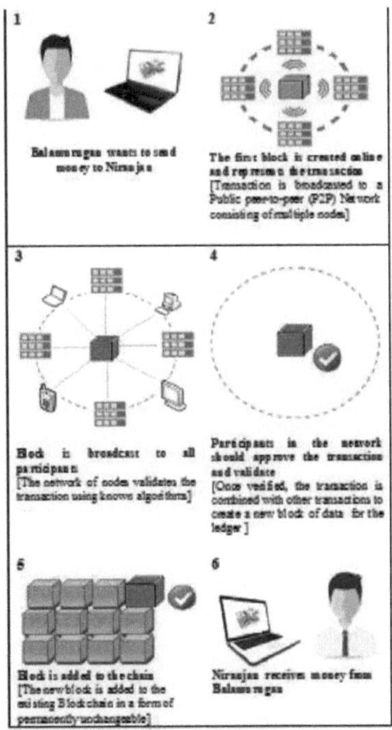

Fig.4: Como funciona a cadeia de blocos
Alguém solicita uma transação.

1. A transação solicitada é enviada para a rede P2P, que é constituída por computadores chamados nós.

2. Validação: A rede de nós valida a transação e o estado do utilizador utilizando algoritmos conhecidos.

3. Uma transação verificada pode incluir criptomoedas, contratos, registos ou outras informações.

4. Uma vez verificada a transação, esta é ligada a outras transacções para criar um novo bloco de dados para o livro-razão.

5. O novo bloco é então anexado à cadeia de blocos existente para

que seja permanente e imutável.

6. A transação foi finalmente concluída.

As transacções só são válidas quando são adicionadas à cadeia. As manipulações são imediatamente reconhecíveis. A cadeia de blocos é considerada segura porque toda a gente na rede tem uma cópia. As causas das discrepâncias são geralmente imediatamente identificáveis.

CAPÍTULO 6

TIPOS DE CADEIAS DE BLOCOS

As tecnologias de cadeia de blocos podem ser divididas em três tipos.

1) Cadeia de blocos pública
2) Consórcio de cadeias de blocos
3) Cadeia de blocos privada

1) Cadeia de blocos pública: Qualquer pessoa pode verificar a transação e participar no processo de consenso. Tal como a Bitcoin e a Ethereum, ambas são cadeias de blocos públicas. A Figura 5 mostra a cadeia de blocos pública.

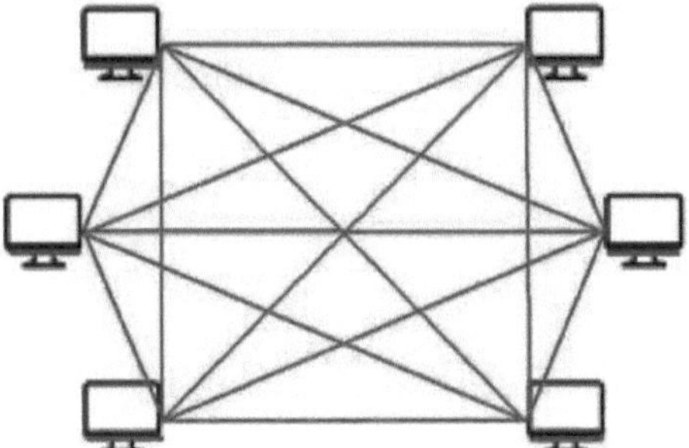

Fig.5 - Cadeia de blocos pública

2) Blockchains de consórcio: Isto significa que o nó que tem autoridade pode ser escolhido antecipadamente. Normalmente existem parcerias, como de empresa para empresa, os dados na blockchain podem ser abertos ou privados e podem ser considerados parcialmente descentralizados. A Hyperledger e a R3CEV são ambas cadeias de blocos de consórcio. A Figura 6 mostra as cadeias de blocos de consórcio.

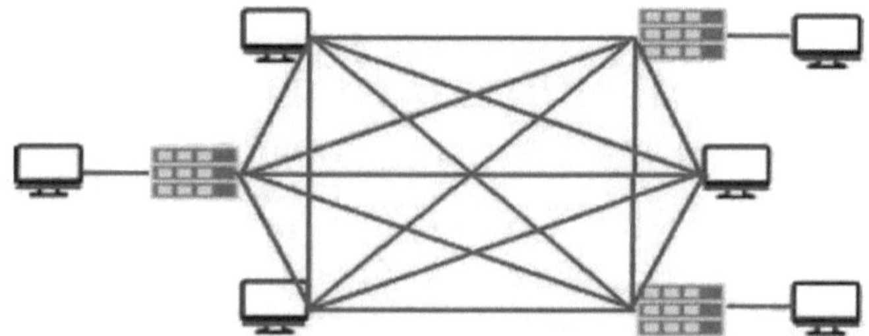
Fig.6- Consórcio de cadeias de blocos

3) Blockchain privada: Os nós são restritos, nem todos os nós podem participar nesta blockchain, tem uma gestão rigorosa da autoridade para o acesso aos dados. A Figura 4 mostra uma cadeia de blocos privada. Independentemente dos tipos de cadeia de blocos existentes, ambos têm as suas vantagens. Por vezes, precisamos de uma cadeia de blocos pública porque é conveniente, mas outras vezes podemos precisar de controlo privado, como as cadeias de blocos de consórcios ou as cadeias de blocos privadas, dependendo do serviço que prestamos ou do local onde o utilizamos[23].

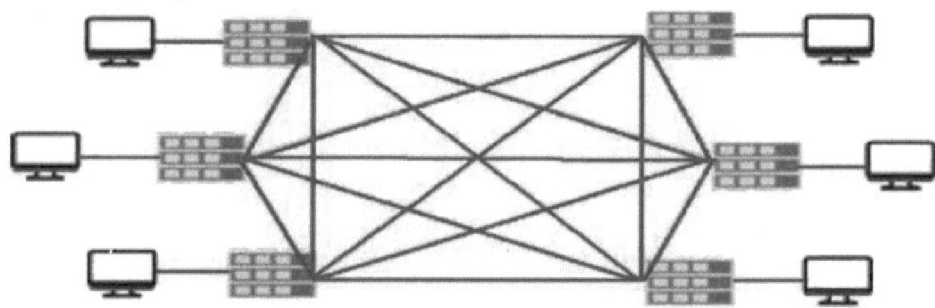
Fig.7: Cadeia de blocos privada

CAPÍTULO 7

VANTAGENS E DESVANTAGENS DA TECNOLOGIA DE CADEIA DE BLOCOS

1) Vantagens da tecnologia de cadeias de blocos (Advantages of blockchain technology):

a. Desintermediação

O principal valor de uma cadeia de blocos é que permite a partilha direta de uma base de dados sem um administrador centralizado. Em vez de uma lógica de aplicação centralizada, as transacções da cadeia de blocos têm a sua própria prova de validade e autorização para impor restrições. Como a cadeia de blocos actua como um mecanismo de consenso para garantir que os nós se mantêm sincronizados, as transacções podem ser verificadas e processadas de forma independente.

Mas porque é que a desintermediação é boa para nós? Porque uma base de dados continua a ser uma coisa tangível, mesmo que consista apenas em bits e bytes. Se o conteúdo de uma base de dados estiver armazenado na memória e no disco rígido de um determinado sistema informático operado por terceiros, mesmo que se trate de uma organização de confiança como os bancos e os governos, qualquer pessoa que, de alguma forma, tenha acesso a esse sistema pode facilmente corromper os dados nele contidos. Por conseguinte, os fornecedores terceiros, especialmente os que controlam bases de dados importantes, têm de contratar muitas pessoas e desenvolver muitos processos para evitar que a base de dados seja adulterada. Tudo isto custa inevitavelmente muito tempo e dinheiro.

b. Utilizadores autorizados

Os utilizadores têm controlo sobre todas as suas informações e transacções.

c. Dados de alta qualidade

Os dados da cadeia de blocos são completos, consistentes, oportunos, exactos e amplamente disponíveis

d. Durabilidade, fiabilidade e longevidade

Devido às redes descentralizadas, a cadeia de blocos não tem uma fonte central de erros, o que a torna mais capaz de resistir a ataques maliciosos.

e. Integridade do processo

Os utilizadores podem ter a certeza de que as transacções são executadas exatamente de acordo com os comandos do protocolo, eliminando a necessidade de um terceiro de confiança.

f. Transparência e imutabilidade

As alterações nas cadeias de blocos públicas são visíveis publicamente para todos os participantes, o que cria transparência, e todas as transacções são imutáveis, ou seja, não podem ser alteradas ou eliminadas.

g. Simplificação do ecossistema

Uma vez que todas as transacções são registadas num único livro-razão público, a confusão e as complicações associadas a vários livros-razão são reduzidas.

h. Transacções mais rápidas

As transacções entre bancos podem levar dias para serem compensadas e liquidadas, especialmente fora do horário comercial. As transacções em cadeia de blocos podem reduzir os tempos de transação para minutos e são processadas 24 horas por dia

i. Custos de transação mais baixos

Ao eliminar terceiros, intermediários e despesas gerais para a troca de activos, as cadeias de blocos têm o potencial de reduzir significativamente as taxas de transação.

j. As cadeias de blocos podem ser utilizadas para:

• Reduzir o custo total de propriedade.

As pilhas de cadeias de blocos oferecem uma alternativa robusta e verificável às pilhas proprietárias tradicionais por uma fração do custo.

* Gerir a utilização partilhada dos sistemas de registo.

A tecnologia Blockchain torna possível dar a diferentes partes (por exemplo, clientes, depositários e reguladores) acesso às suas próprias cópias em tempo real de um sistema de manutenção de registos partilhado.

* Liquidar e processar transacções mais rapidamente.

A tecnologia Blockchain pode facilitar a transição do processamento em lote durante a noite para a compensação e liquidação num dia.

* Criar transacções electrónicas autodescritivas.

Os contratos inteligentes podem utilizar a linguagem de programação da cadeia de blocos para criar transacções contextualizadas para uma arbitragem complexa. Por exemplo, um swap de risco de incumprimento de crédito pode ser pago automaticamente de acordo com uma lógica pré-acordada que monitoriza os feeds de dados do mercado.

k. Vantagens comerciais

Muitas empresas podem efetivamente utilizar e beneficiar da tecnologia de cadeias de blocos para a nova plataforma comercial. A adoção desta tecnologia nas empresas tem inúmeras vantagens. Os seis benefícios mais importantes estão listados abaixo.

* Eficiência

Tal como acontece com a tecnologia de cadeia de blocos, as transacções são processadas diretamente entre as duas partes sem o envolvimento de terceiros, pelo que as transacções se realizam rapidamente. Além disso, a tecnologia tem a capacidade de gerir automaticamente contratos inteligentes e acções comerciais. Isso agiliza diretamente cada processo e elimina o custo e o tempo envolvidos na transação. Para mais informações sobre este tema, consulte artigos e blogues em sites fiáveis que descrevem como esta tecnologia está a ser utilizada em vários sectores.

* Verificabilidade

Na rede de cadeias de blocos, todos os detalhes da transação são registados retrospetivamente e permitem a rastreabilidade do ativo entre duas partes. Isto é particularmente benéfico para as empresas que necessitam de uma fonte de dados para autenticação de activos. Atualmente, a Every Ledger reconheceu os benefícios da tecnologia de cadeia de blocos e está a utilizá-la para rastrear diamantes.

• Rastreabilidade

Na cadeia de blocos, o rastreio de bens numa cadeia de abastecimento é bastante simples e também benéfico. As informações relacionadas com o componente podem ser transmitidas de e para o novo proprietário para o novo proprietário necessário para uma possível ação.

• Transparência

A transparência é uma das maiores vantagens da cadeia de blocos para as pequenas, médias e grandes empresas. A falta de transparência financeira e comercial pode levar a más relações comerciais e a atrasos no comércio. Assim, para fornecer detalhes da transação contra uma construção comercial, a confiança e a transparência devem ser mantidas no processo para permitir uma relação estável em vez de negociação.

• Segurança

Com a tecnologia blockchain, cada transação é registada e verificada na rede através de problemas criptográficos complexos. A autenticidade da informação é assegurada por algoritmos matemáticos complexos. As vantagens da loT - Internet of Things são as informações seguras sobre as chaves. Este sistema já foi utilizado na indústria da defesa para proteger a propriedade intelectual e verificar as instruções.

• Feedback

Outra vantagem da tecnologia de cadeia de blocos para as empresas é o feedback. Uma vez que a tecnologia permite a rastreabilidade total ao longo do ciclo de vida dos activos, os fabricantes e projectistas de activos podem facilmente rastreá-los e personalizar a gestão dos activos nos produtos para os tornar mais eficazes. O feedback permite obter informações sobre instalação, manutenção, expedição, devoluções e desativação.

• A quintessência

A cadeia de blocos pode ter sido desenvolvida para a moeda digital, mas também pode ajudar as empresas a satisfazer as suas necessidades. Por conseguinte, os proprietários de empresas devem utilizar esta tecnologia nas suas actividades e criar um boom no sector.

Fig.8: Principais vantagens da BC

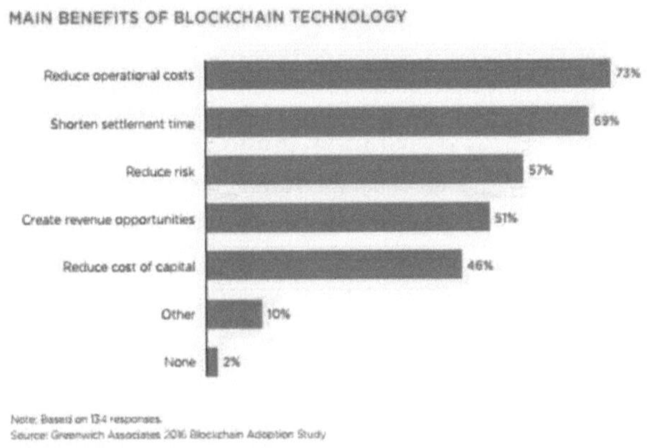

A figura 8 ao lado mostra claramente os principais benefícios do BC: 73% de redução dos custos operacionais, 69% de redução do tempo de liquidação, 57% de redução do risco, 51% de criação de oportunidades de receitas, 46% de redução do custo de capital, 10% de redução de outros, 2% de redução de nenhum.

2) Desvantagens da tecnologia de cadeia de blocos (Desvantagens da tecnologia de cadeia de blocos):

a. Desempenho

É da natureza das cadeias de blocos que sejam sempre mais lentas do que as bases de dados centralizadas. Ao processar uma transação, uma cadeia de blocos tem de fazer as mesmas coisas que uma base de dados normal, mas tem três encargos adicionais:

i) Verificação da assinatura. Cada transação da cadeia de blocos tem de ser assinada digitalmente utilizando um processo de criptografia público-privado. Isto é necessário porque as transacções se propagam entre nós num método peer-to-peer, de modo que a sua fonte não pode ser provada de outra forma. A geração e verificação destas assinaturas é computacionalmente intensiva e constitui o maior estrangulamento para produtos como o nosso. Em contrapartida, com bases de dados centralizadas, não é necessário verificar cada pedido individualmente depois de estabelecida uma ligação.

ii) Mecanismos de consenso.

Numa base de dados distribuída, como uma cadeia de blocos, é necessário garantir que os nós da rede cheguem a um consenso. Dependendo do mecanismo de consenso utilizado, isto pode exigir uma comunicação extensa entre os nós e/ou lidar com bifurcações e os consequentes retrocessos. Embora seja verdade que as bases de dados centralizadas também têm de lidar com transacções conflituosas e abortadas, estas são muito menos prováveis se as transacções forem colocadas em fila de espera e processadas num único local.

iii) Redundância.

Não se trata do desempenho de um único nó, mas do esforço total de computação que uma cadeia de blocos exige. Enquanto as bases de dados centralizadas processam as transacções uma (ou duas) vezes, numa cadeia de blocos elas têm de ser processadas independentemente por cada nó da rede. Isto significa que é necessário muito mais trabalho para obter o mesmo resultado final.

b. Tecnologias emergentes

A resolução de problemas como a velocidade das transacções, os procedimentos de verificação e as restrições de dados será crucial para a utilização generalizada da cadeia de blocos.

c. *Estatuto jurídico incerto*

Uma vez que as moedas modernas são criadas e reguladas pelos governos nacionais, a cadeia de blocos e a bitcoin enfrentam um obstáculo à adoção generalizada pelas instituições financeiras existentes se o estatuto da regulamentação governamental continuar por resolver.

d. *Elevado consumo de energia*

Os mineiros da rede blockchain Bitcoin estão a tentar encontrar 450 biliões de soluções por segundo para validar transacções, consumindo quantidades significativas de energia informática.

e. *Controlo, segurança e proteção de dados*

Embora existam soluções, incluindo cadeias de blocos privadas ou autorizadas e encriptação forte, há ainda preocupações de cibersegurança que têm de ser resolvidas antes de o público confiar os seus dados pessoais a uma solução de cadeias de blocos.

f. *Questões de integração*

As aplicações de cadeias de blocos oferecem soluções que exigem alterações significativas aos sistemas existentes ou a sua substituição completa. Para fazer a mudança, as empresas precisam de planear a transação de forma estratégica.

g. *Adaptação cultural*

A cadeia de blocos representa uma mudança completa para uma rede descentralizada que requer a participação dos seus utilizadores e operadores.

h. *Custos*

A cadeia de blocos oferece enormes poupanças em termos de custos de transação e de tempo, mas os elevados custos de capital inicial podem ser limitados.

3) *Os ataques do BC foram bem sucedidos:*

* Roubo da identidade do utilizador:

- Remetentes e destinatários fraudulentos:
- Roubo de activos/nós ou contrafação:
- Ataques a mineiros de Bitcoin:
- Disponibilidade de nós distribuídos
- Infiltração de código malicioso num livro-razão distribuído:
- Risco para a reputação
- Reconhecimento de alvos
- Contornar a integração e a desinstalação de nós

• As aplicações fictícias da cadeia de blocos ocorrem para roubar detalhes de transacções/informações pessoais/comportamento de nós/indivíduos.

CAPÍTULO 8

CONCLUSÕES

A cadeia de blocos é uma estrutura de dados para criar e partilhar um registo de transacções distribuído numa rede informática. Permite que os utilizadores efectuem e verifiquem as transacções imediatamente e sem uma autoridade central. A Blockchain é uma base de dados de transacções que contém informações sobre todas as transacções anteriores e funciona com o protocolo Bitcoin. A tecnologia Blockchain incorpora criptografia, matemática, algoritmos e um modelo económico que liga redes peer-to-peer e utiliza um algoritmo de consenso distribuído para resolver o problema da sincronização das bases de dados distribuídas tradicionais; trata-se de uma infraestrutura integrada multi-campos. A tecnologia Blockchain é composta por seis elementos-chave. - Descentralizada, transparente, de fonte aberta, autónoma, imutável e anónima. As tecnologias de cadeias de blocos podem ser classificadas em três tipos. Cadeia de blocos pública, cadeias de blocos de consórcios e cadeias de blocos privadas. Vantagens da tecnologia de cadeia de blocosDesintermediação, utilizadores capacitados, elevada qualidade dos dados, consistência, fiabilidade e longevidade, integridade dos processos, transparência e imutabilidade, simplificação do ecossistema, eficiência, verificabilidade, rastreabilidade, transparência, transacções mais rápidas, custos de transação mais baixos.

REFERÊNCIAS

[1] Richard Dennis, Gareth Owenson, Benjamin Aziz-"A Temporal Blockchain: A Formal Analysis" 2016 International Conference on Collaboration Technologies and Systems-978-1-5090-2300-4/16 PP 430-437 IEEE 2016Sachchidanand Singh, Nirmala Singh, "Blockchain: Future of Financial and Cyber Security" 978-1-5090-5256-1/16/ PP463-467 IEEE 2016

[2] Dongqi Fu, Liri Fang- "Blockchain-based Trusted Computing in Social Network "2.ª Conferência Internacional sobre Computadores e Comunicações-978-1-4673-9026-2/16/ IEEE 2016

[4]Xiwei Xu, Ingo Weber, Mark Staples, Liming Zhu, Jan Bosch, Len Bass, Cesare Pautasso, Paul Rimba-"A Taxonomy of Blockchain-Based Systems for Architecture Design" Conferência Internacional sobre Arquitetura de Software 978-1-5090-5729-0/17 IEEE 2017

[5]Zhiyuan Wan, David Lo, Xin Xia e Liang Cai-"Bug

Characteristics in Blockchain Systems: ALarge-Scale Empirical Study" 14th International Conference on Mining Software Repositories (MSR) PP 423-424 IEEE/ACM 2017

[6]Simone Porru, Andrea Pinna, Michele Marchesi, Roberto Tonelli- 2017 "Engenharia de software orientada para a cadeia de blocos: desafios e novas direcções" 39.ª Conferência Internacional do IEEE sobre Engenharia de Software Companheiro PP169-179 IEEE/ACM 2017

[7]Harry Halpin, Marta Piekarska- "Introduction to Security and Privacy on the Blockchain" European Symposium on Security and Privacy Workshops (EuroS&PW) PP 1-3 IEEE 2017

[8]Tareq Ahram, Arman Sargolzaei, Saman Sargolzaei, Jeff Daniels e Ben Amaba-"Blockchain Technology Innovations" 978-1-5090-1114-8/17/ Technology & Engineering Management Conference (TEMSCON) IEEE 2017

[9] Rawia Bdiwi, Cyril de Runz, Sami Faiz, Arab Ali Cherif-"Towards a new Ubiquitous Learning Environment Based on Blockchain Technology" 17.ª Conferência Internacional sobre Tecnologias de Aprendizagem Avançadas PP101-102 IEEE 2017

[10]Mitsuaki Nakasumi,-"Information Sharing for Supply Chain Management based on Block Chain Technology" 19th Conference on Business Informatics 2378-1971/17 PP 140-149 IEEE 2017

[11]Zhixong Chen, Yixuan Zhu-"Personal Archive Service System using Blockchain Technology: Case Study, Promising and Challenging" Conferência Internacional sobre IA e Serviços Móveis (AIMS) 978-1-5386-1999-5/17 PP 93-99 IEEE 2017

[12]Zibin Zheng, Shaoan Xie, Hongning Dai, Xiangping Chen, and Huaimin Wang-"An Overview of Blockchain Technology:Architecture, Consensus, and Future Trends "978-1-5386-1996-4/17 6th International Congress on Big Data PP557-564 IEEE 2017

[13]Nikolaos Alexopoulos, J'org Daubert, Max M'uhlh'auser e Sheikh Mahbub Habib-"Beyond the Hype: On Using Blockchains in Trust Management for Authentication" 23249013/17 Trustcom/ BigDataSE/ ICESS PP 546-553 IEEE 2017

[14] Heng Hou, "A aplicação da tecnologia Blockchain na administração pública eletrónica na China" 978-1-5090-2991-4/17/ IEEE 2017

[15]Ingo Weber, Vincent Gramoli, Alex Ponomarev-"On Availability for Blockchain-Based Systems" 36th Symposium on Reliable Distributed Systems 978-1-5386-1679-6/17 PP 64-73 2017 IEEE

[16]Igor Zikratov, Alexander Kuzmin, Vladislav Akimenko, Viktor Niculichev, Lucas Yalansky-"Ensuring Data Integrity Using Blockchain Technology" Proceeding of the 20th Conference of fruct Association ISSN 2305-7254 IEEE abril de 2017

[17] Rogelio Rivera, Jose G. Robledo, Victor M. Larios, Juan Manuel Avalos-"How Digital Identity on Blockchain can contribute in a smart city environment" 978-1-5386-2524-8/17/ IEEE 2017

[18] LI Yue, HUANG Junqin, QIN Shengzhi, WANG Ruijin- "Modelo de Grandes Dados de Partilha de Segurança baseado em Blockchain" 3ª Conferência Internacional sobre Computação e Comunicações de Grandes Dados 978-1-5386-3349-6/17 PP117- 121 IEEE 2017

[19] Po-Wei Chen, Bo-Sian Jiang, Chia-Hui Wang- "Sistema de supervisão de cobrança de pagamentos baseado em blockchain usando carteira digital Pervasive Bitcoin" Quinto Workshop Internacional sobre Middleware Pervasive e Context-Aware -978- 1-5386-38392/17 IEEE 2017

[20] Si Chen, Rui Shi, Zhuangyu Ren, Jiaqi Yan, Yani Shi, Jinyu

Zhang-"A Blockchain-based Supply Chain Quality Management

Framework" A Décima Quarta Conferência Internacional do IEEE

sobre Engenharia de Negócios Electrónicos 978-1-5386-1412-9/17

PP172-176 IEEE 2017

[21] Martin WEISS, Adele BOTHA, Marlien HERSELMAN,

Glaudina LOOTS-"Blockchain as an Enabler for PublicmHealth

Solutions in South Africa" Actas da Conferência IST-Africa 2017

Paul Cunningham e Miriam Cunningham (Eds)IIMC International

Information Management Corporation, ISBN: 978-1-905824-57-1

2017

[22] Elyes Ben Hamida, Kei Leo Brousmiche, Hugo Levard y e

Eric Thea - "Blockchain for Enterprise: Overview, Opportunities

and Challenges" A Décima Terceira Conferência Internacional

sobre Comunicações Móveis e Sem Fios-IEEE ICWMC 2017

[23]Iuon-Chang Lin e Tzu-Chun Liao, "A Survey of Blockchain

Security Issues and Challenges" (Uma análise das questões e desafios de segurança da cadeia de blocos), International Journal of Network Security, Vol.19, No.5, PP.653-659, (DOI: 10.6633/IJNS.201709.19(5).01) Set. 2017

[24] Deepak Puthal, Nisha Malik, Saraju P. Mohanty, Elias Kougianos, Chi Yang-"The Blockchain as a Decentralised Security Framework [Future Diretions]" Revista IEEE Consumer Electronics Volume: 7, Edição: 2, Página (s): 18-21 março de 2018

[25] Wei Yin, Qiaoyan Wen, Wenmin Li, Hua Zhang, Zhengping Jin - "Uma abordagem de autenticação de transação anti-quântica em Blockchain" IEEE Access (Volume: 6) Página (s): 5393 - 5401 ISSN: 2169-3536 janeiro de 2018.

[26] Daniel Tse, Bowen Zhang, Yuchen Yang, Chenli Cheng, Haoran Mu - "Aplicação de Blockchain na segurança da informação de abastecimento alimentar" Conferência Internacional

IEEE sobre Engenharia Industrial e Gestão de Engenharia (IEEM), ISSN: 2157-362X PP: 1357-1361, fevereiro de 2018

[27] RUI GUO1, HUIXIAN SHI, QINGLAN ZHAO4, e DONG ZHENG - "Esquema de assinatura segura baseada em atributos com múltiplas autoridades para Blockchain em sistemas de registos de saúde eletrónicos" IEEE Access (Volume: PP, Issue: 99) ISSN: 2169-3536 pp:1-12, fevereiro 2018

[28] Josef Gattermayer, Pavel Tvrdik "Sistema de pontuação multinível baseado em blockchain para clusters P2P" 46ª Conferência Internacional sobre Oficinas de Processamento Paralelo (ICPPW), ISSN: 1530-2016 Página-301-308 IEEE setembro de 2017

[29] A.Suresh e R.Varatharajan (2017), "Técnicas de Provisionamento e Distribuição de Recursos Competentes para Ambiente de Computação em Nuvem", Cluster Comput. DOI 10.1007/s10586-017-1293-6

[30] Dr. A.Chinnasamy, Dr. B. Sivakumar, P.Selvakumari, Dr. A. Suresh (2018), "Alocação de RSU baseada em conjunto dominante mínimo conectado para veículos smartCloud em VANET", Cluster Comput. DOI: 10.1007/s10586-018-1760-8

[31] Dmitry Ermilov, Maxim Panov, Yury Yanovich- "Automatic Bitcoin Address Clustering" 16th IEEE International Conference on Machine Learning and Applications pages: 461-466 DOI: 10.1109/ICMLA.2017.0-118 IEEE January 2018

Índice

yes
I want morebooks!

Buy your books fast and straightforward online - at one of world's fastest growing online book stores! Environmentally sound due to Print-on-Demand technologies.

Buy your books online at
www.morebooks.shop

Compre os seus livros mais rápido e diretamente na internet, em uma das livrarias on-line com o maior crescimento no mundo! Produção que protege o meio ambiente através das tecnologias de impressão sob demanda.

Compre os seus livros on-line em
www.morebooks.shop

info@omniscriptum.com
www.omniscriptum.com

Printed by Books on Demand GmbH, Norderstedt / Germany